매일매일 5감사

ⓒ 생명의말씀사 2017

2017년 11월 20일 1판 1쇄 발행
2021년 10월 5일   3쇄 발행

펴낸이 | 김창영
펴낸곳 | 생명의말씀사

등록 | 1962. 1. 10. No.300-1962-1
주소 | 서울시 종로구 경희궁1길 6 (03176)
전화 | 02)738-6555(본사) · 02)3159-7979(영업)
팩스 | 02)739-3824(본사) · 080-022-8585(영업)

지은이 | 전광

기획편집 | 유선영
디자인 | 조현진
인쇄 | 영진문원
제본 | 정문바인택

ISBN 978-89-04-17195-8 (03230)

저작권자의 허락없이 이 책의 일부 또는 전체를
무단 복제, 전재, 발췌하면 저작권법에 의해 처벌을 받습니다.

매일매일
5감사

분주한 일상 그리고 어제와 다르지 않은 오늘이
반복되는 듯한 매일매일의 삶 속에서
하나님의 소중한 선물인 하루를
너무 홀대하고 있지는 않은지요.
〈매일매일 5감사〉는
'감사하는 습관'이란 열쇠를 통해
여러분들 각자가 소유한 행복의 문을
열어드리기 위해 마련되었습니다.
숨 돌릴 겨를 없이 바빴던 하루 속에서,
작은 감사를 떠올리는 것이
얼마나 소중한 발견인지 알게 될 것입니다.
처음에는 '과연 오늘 감사할 일이 있기는 한가' 하는
생각이 들기도 하겠지만
100일 동안 꾸준히 실천해본다면
뜻밖의 행복감에 젖어드는 자신을 보게 될 것입니다.

가족과 친구, 선배, 멘토, 영적 지도자…
그리고 길을 걷다 발견한 낡은 벤치,
시원한 나무 그늘, 갈증을 해소해주는 물 한 컵…
주위를 살펴보면 얼마나 많은 감사의 제목들이 있는지요…
날마다 이 모든 것을 허락하신 하나님께 감사하고
사람들을 향해, 세상을 향해
감사의 고백을 한다면
누구보다 행복한 사람이 될 것입니다.

1. 두 손, 두 발로 일할 수 있음에 감사합니다.
2. 두 눈으로 보고, 두 귀로 들을 수 있음에 감사합니다.
3. 편안하게 숨 쉴 수 있고, 물 마실 수 있음에 감사합니다.
4. 만나는 사람마다 감사하고, 하는 일들마다 감사합니다.
5. 구하지 않았지만 주신 것 감사합니다.

1. 구했지만 주시지 않은 것도 감사합니다.
2. 그 모든 것 속에 주님의 깊은 뜻 담겼음을 알기에 감사합니다.
3. 다양한 읽을거리 책들을 주셔서 감사합니다.
4. 무엇보다 사랑하는 아내와 자녀들을 주셔서 감사합니다.
5. 큰 욕심 부리지 않고 작은 것에 감사하는 마음 주셨으니
   순간순간 감사하고, 평생 감사합니다.

– 전광 목사의 감사노트

감사의 고백을 기록으로 남겨보세요.
감사는 하나님께 드리는
가장 좋은 선물입니다.

행복에는 절대 기준이 없다.
어느 수준이 되어야 행복하고
불행한 것인지 정답이 없는 것이다.
행복에는 교과서나 참고서가 있는 것도 아니고,
공식이나 모범 답안이 있는 것도 아니다.
행복은 다만 자신이 만들어 가는 것이다.
스스로 생각하고 느끼는 정도에 따라
행복의 크고 작음이 결정되는 것이다.
그러므로 행복은 소유에 비례하기보다는
감사하는 마음에 비례한다.

Date. . . .

감사는 믿음의 온도계다. 뜨거운 감사는 뜨거운 믿음의 결과요, 믿음이 없으면 감사도 없다. – 평생 감사

1.

2.

3.

4.

5.

Date. . . .

우리는 우리의 기도가 응답되기를 바라는 것처럼, 열심히 감사해야 한다.
– 시몬즈

1.

2.

3.

4.

5.

Date.   .   .   .

평화와 행복을 원하는가?
그렇다면 당신의 마음의 정원에 감사의 나무를 심으라. – 평생 감사

1.

2.

3.

4.

5.

Date. . . .

외식하는 신자는 위급한 때에 하나님께 기도할 줄 안다.
그러나 그 위험에서 건짐받았을 때는 감사할 줄 모른다. – 칼빈

1.

2.

3.

4.

5.

Date. . . .

 교만은 감사를 살해하지만 겸손한 마음은 감사의 밭이 되어 준다.
– 평생 감사

1.

2.

3.

4.

5.

Date. . . .

하나님이 거하시는 곳이 두 곳 있는데 하나는 천국이요,
다른 하나는 감사하는 마음이다. – 아이작 월튼

1.

2.

3.

4.

5.

Date. . . .

작은 것에 감사하는 사람은 행복한 사람이고,
'누구는 저렇게 사는데 나는…'이라고 생각하는 사람은 불행한 사람이다.
— 평생 감사

1.

2.

3.

4.

5.

Date. . . .

감사는 최고의 항암제요 해독제요 방부제다.
– 존 헨리

1.

2.

3.

4.

5.

Date. . . .

그리스도인에게 감사의 의무보다 더 긴박한 의무는 없다.
— 밀란

1.

2.

3.

4.

5.

Date. . . .

 하루를 원망하며 사는 것보다는 하루를 감사히 받아들이는 것이
나에 대한 최선의 예의이다. – 베티스타

1.

2.

3.

4.

5.

Date.　　　．　　．　　．

지겨운 회사에 오늘도 가야 하나 생각하기보다
출근할 회사가 있다는 사실에 감사하라. – 평생 감사

1.

2.

3.

4.

5.

Date. . . .

감사하는 사람은 젊어진다.
– 칼 힐티

1.

2.

3.

4.

5.

Date. . . .

감사하는 습관은 기쁨을 부르고, 기쁨은 행복을 부른다.
그러기에 감사하는 습관은 행복을 부르는 주문과 같다. – 평생 감사

1.

2.

3.

4.

5.

Date. . . .

> 아무리 이해심이 깊고 뛰어난 행동을 한다 해도 하나님께로 향한 숭고한 감사의 마음이 없다면 생명 있는 신앙생활을 할 수 없다. – 우찌무라 간조

1.

2.

3.

4.

5.

Date.　　　.　　.　　.

불평하는 것은 망하는 연습을 하는 것이고,
감사하는 것은 성공하는 연습을 하는 것이다. – 평생 감사

1.

2.

3.

4.

5.

Date. . . .

소금이 음식에 맛을 주는 것처럼 감사는 영적 생활의 소금이다.
– 스트라잇

1.

2.

3.

4.

5.

Date.   .   .   .

 감사는 축복을 부르는 호출 신호다. 감사하면 축복이 사방에서 몰려온다.
– 평생 감사

1.

2.

3.

4.

5.

Date. . . .

> 감사는 고결한 영혼의 얼굴이다.
> – 제퍼슨

1.

2.

3.

4.

5.

Date.   .   .   .

과거의 일부만 감사의 제목이 된다면 우리의 미래도 그만큼 온전할 수 없다.
– 헨리 나우웬

1.

2.

3.

4.

5.

Date. . . .

> 믿음의 동산에 피는 꽃 중에 가장 사랑스러운 꽃은 감사의 꽃이다.
> 마음의 동산에 감사가 사라질 때 그 사람은 죽은 사람과 다름없다.
> – 밥 존슨

1.

2.

3.

4.

5.

Date. . . .

우리는 불평을 가짐으로 불평을 말하게 되는데
모든 것을 참고 감사하면 불평은 없어진다. – 헬렌 켈러

1.

2.

3.

4.

5.

Date.   .   .   .

감사는 긍정적인 사고에서 시작된다. 감사하는 사람은 잃은 것보다 남아 있는 것을 볼 줄 아는 눈을 가지고 있다. – 평생 감사

1.

2.

3.

4.

5.

Date. . . .

행복은 바로 감사하는 마음이다.
– 조셉 우드 크루치

1.

2.

3.

4.

5.

Date.   .   .   .

아침에 일어날 때마다 그날 해야 할 일이 있음을 감사하라.
— 킹슬리

1.

2.

3.

4.

5.

Date. . . .

하나님을 가장 잘 섬기고 가장 잘 복종하는 사람은
찬양하고 감사하는 사람이다. – 버이킷

1.

2.

3.

4.

5.

Date. . . .

> 심장의 고동처럼 규칙적으로 하나님께 감사하면 삶이 건강해진다.
> — 콘래드

1.

2.

3.

4.

5.

Date.   .   .   .

 하루에 일만 번씩만 감사하면 못 고칠 병이 없다.
— 후지다

1.

2.

3.

4.

5.

Date. . . .

시편은 감사의 노래이다. 노래의 구절구절마다 감사의 씨가 뿌려져 있기 때문이다. 우리의 삶은 시편 같아야 한다. - 테일러

1.

2.

3.

4.

5.

Date.   .   .   .

감사를 배우는 과정에는 결코 졸업이 없다.
－발레리 앤더스

1.

2.

3.

4.

5.

Date.   .   .   .

남은 것에 감사하라. 장애는 오히려 나에게 축복이 되었다. 잃은 것, 없어진 것을 한탄할 것이 아니라 남아 있는 것을 헤아려 감사하라. -헤럴드 러셀

1.

2.

3.

4.

5.

Date. . . .

영어의 thank(감사)와 think(생각)는 같은 어근이다. 그러므로 한 치만 더 깊이 '생각'해 보면 '감사'할 일을 얼마든지 발견할 수 있다. – 평생 감사

1.

2.

3.

4.

5.

Date. . . .

감사할 줄 모르는 자를 벌하는 법은 없다.
감사할 줄 모르는 삶 자체가 벌이기 때문이다. – 라이피 곱스

1.

2.

3.

4.

5.

Date. . . .

감사하는 자세가 당신의 인생을 복되게 만든다.
— 평생 감사

1.

2.

3.

4.

5.

Date. . . .

나는 나의 역경에 대해서 하나님께 감사한다. 왜냐하면 나는 역경때문에 나 자신, 나의 일, 그리고 나의 하나님을 발견했기 때문이다. – 헬렌 켈러

1.

2.

3.

4.

5.

Date. . . .

감사하는 가정에는 불평과 원망의 구름이 사라지고
기쁨과 행복의 따뜻한 햇빛이 비쳐온다. – 평생 감사

1.

2.

3.

4.

5.

Date. . . .

무력으로 얻은 재산은 지속되지 않지만, 은혜에 대한 감사는 영원하다.
—Q. C. 루프스

1.

2.

3.

4.

5.

Date.   .   .   .

 감사는 소유의 크기가 아니라 생각의 크기이고 믿음의 크기이다.
– 평생 감사

1.

2.

3.

4.

5.

Date. . . .

평범한 삶에 대해 감사하는 자세는 하나님께 드리는 최고의 감사기도이다.
—버이킷

1.

2.

3.

4.

5.

Date. . . .

불행할 때 감사하면 불행이 끝나고 형통할 때 감사하면 형통이 연장된다.
─C. H. 스펄전

1.

2.

3.

4.

5.

Date.   .   .   .

어려운 일을 만났을 때에는 우선 감사할 만한 것을 구하여,
그것에 대해 정직하게 감사하라. – 칼 힐티

1.

2.

3.

4.

5.

Date. . . .

 감사는 무(無)에서 시작해야 한다. 무에서 출발하면 모든 것이 감사하다.
– 평생 감사

1.

2.

3.

4.

5.

Date. . . .

마귀에게는 감사가 없다.
감사는 하나님께 속한 것이고 불평은 마귀에게 속한 것이다. – 마르틴 루터

1.

2.

3.

4.

5.

Date. . . .

감사는 과거에 주어지는 덕행이라기보다 미래를 살찌게 하는 덕행이다.
— 영국 속담

1.

2.

3.

4.

5.

Date.　　　.　　.　　.

가장 축복받는 사람이 되려면 가장 감사하는 사람이 되라.
— C. 쿨리지

1.

2.

3.

4.

5.

Date.   .   .   .

 행복할 때만 감사하려면 감사는 평생 불가능한 것이 된다.
– 평생 감사

1.

2.

3.

4.

5.

Date. . . .

우리가 가진 것 때문에 감사하는 것이 아니요,
우리의 되어진 바로 인해 감사한다. —헬렌 켈러

1.

2.

3.

4.

5.

Date. . . .

무신론자의 가장 나쁜 순간은 그가 진실로 감사해야 할 때, 감사할 대상이 없다는 것이다. – 로제티

1.

2.

3.

4.

5.

Date. . . .

감사는 척박한 땅에서 보물을 발굴하는 일이다.
- 평생 감사

1.

2.

3.

4.

5.

Date. . . .

시련이 아무리 크다 할지라도, 구원받은 하나님의 백성들은
감사할 이유를 언제나 발견할 수 있다. – 빌립 E. 하워드

1.

2.

3.

4.

5.

Date. . . .

감사를 표현하는 가장 좋은 방법은 모든 것을 기쁨으로 받아들이는 것입니다.
– 마더 테레사

1.

2.

3.

4.

5.

감사함으로 드리는 기도는
과거에 받은 은혜와 현재 누리는 모든 축복과
심지어 현재의 힘든 상황까지
합력하여 선을 이루실 것을 내다보며
미래까지 감사하는 것이다.
신선한 바람이 하늘의 먹구름을
말끔히 걷어 가듯이
감사하는 마음은 염려의 먹구름을
순식간에 없애 버린다.

Date.   .   .   .

사람이 얼마나 행복한가는 그의 감사함의 깊이에 달려 있다.
– 존 밀러

1.

2.

3.

4.

5.

Date.   .   .   .

> 행운의 손바닥에 얼마나 많이 쥐었냐 하는 것은 그대의 행복과 아무런 관계가 없다. 그대의 마음속에 감사한 생각이 없으면 그대는 파멸의 노를 젓고 있는 것이다. – 기프슨

1.

2.

3.

4.

5.

Date. . . .

감사하는 마음은 가장 훌륭한 미덕이며 다른 모든 덕의 어버이다.
— 키케로

1.

2.

3.

4.

5.

Date. . . .

어떤 아름다운 것도 감사를 빼면 이미 절름발이다.
—조웻

1.

2.

3.

4.

5.

Date.   .   .   .

과거의 은혜를 회상할 때 감사는 태어난다.
감사는 고결한 영혼의 얼굴이다. -T. 제프슨

1.

2.

3.

4.

5.

Date.　　　．　　．　　．

작은 것에 감사하지 않는 자는 큰 것에도 감사하지 않는다.
– 에스토니아

1.

2.

3.

4.

5.

Date. . . .

불평거리를 찾다 보면 어느새 희망은 사라지고,
감사거리를 찾다 보면 어느새 절망은 사라진다. – 평생 감사

1.

2.

3.

4.

5.

Date.   .   .   .

감사하는 마음은 거만해지지 않도록 하며, 조용하고 겸손한 인간을 만든다.
— 보드 새퍼

1.

2.

3.

4.

5.

Date. . . .

하나님께 감사하는 것은 마귀를 물리치는 확실한 방법이다.
— 스피로스 J. 히아테스

1.

2.

3.

4.

5.

Date.   .   .   .

> 우리는 눈물에 감사해야 한다. 왜냐하면 그 눈물은 우리의 눈을 하나님의 비전을 위해 준비시키기 때문이다. – 윌리엄 A. 워드

1.

2.

3.

4.

5.

Date. . . .

> 나의 주된 인생관은 모든 것을 감사함으로 받고 당연한 것으로 여기지 않도록 연습하는 것이다. – 체스터튼

1.

2.

3.

4.

5.

Date. . . .

> 불평하는 버릇을 극복하려면 하나님께 받은 축복을 세어보라.
> – 평생 감사

1.

2.

3.

4.

5.

Date. . . .

감사하다고 생각하면서 그것을 표현하지 않는 것은
선물을 포장만 하고 주지 않는 것과 같다. – 평생 감사

1.

2.

3.

4.

5.

Date. . . .

감사의 마음은 얼굴을 아름답게 만드는 훌륭한 끝손질이다.
—T. 파커

1.

2.

3.

4.

5.

Date.   .   .   .

감사는 하나님의 은총에 대하여 기억하는 것일 뿐 아니라
마음의 경의를 표하는 것이다. – 존슨

1.

2.

3.

4.

5.

Date. . . .

이전에 받은 복에 대한 감사는 하나님의 또 다른 복을 받도록 한다.
―R. 헤릭

1.

2.

3.

4.

5.

Date. . . .

상대에게 은혜를 베풀면, 혀끝의 독도 감사로 변한다.
— 그라시안

1.

2.

3.

4.

5.

Date. . . .

> 감사는 영적 건강의 좌표다.
> — 데메츠

1.

2.

3.

4.

5.

Date. . . .

어떤 이는 장미를 보고 왜 가시가 있느냐고 불평하지만,
어떤 이는 가시 중에도 장미가 피는 것을 감사한다. – 평생 감사

1.

2.

3.

4.

5.

Date. . . .

지나간 모든 것을 감사한다는 것은 오늘의 모든 것에 감사한다는 말입니다.
- 하마슐드

1.

2.

3.

4.

5.

Date. . . .

> 나는 오늘 죽을지, 내일 죽을지 모른다. 그러나 오늘 내가 살아 있다는 것, 그 자체만으로도 하나님께 감사할 따름이다. — 스티븐 호킹

1.

2.

3.

4.

5.

Date. . . .

> 감사하지 못하는 마음을 내려놓으면 무거웠던 심령도 훨씬 가벼워진다.
> – 평생 감사

1.

2.

3.

4.

5.

Date.　　.　　.　　.

감사는 위대한 교양의 결실이다.
야비한 사람에게서는 그것을 발견할 수 없으리라. – 존슨

1.

2.

3.

4.

5.

Date. . . .

어느 누구에게도 감사할 줄 모르는 아이를 가진 것은
뱀의 이빨과 같이 무서운 일이다. – 셰익스피어

1.

2.

3.

4.

5.

Date.   .   .   .

 감사는 계절도 시간도 없다. 감사는 어느 곳에서든 캐낼 수 있는
따뜻한 마음의 선물이다. – 평생 감사

1.

2.

3.

4.

5.

Date.   .   .   .

나는 내 모든 기도가 응답되지 않은 것에 대하여
하나님께 감사하지 않을 수 없다. – 진 잉겔로우

1.

2.

3.

4.

5.

Date. . . .

감사하는 것에 인색하지 않는 자는 축복의 열쇠를 손에 쥔 자이다.
– 크리소스톰

1.

2.

3.

4.

5.

Date. . . .

> 평안할 때도 감사하지만 환난 중에도 감사할 수 있는 사람이
> 진정한 감사의 사람이다. – 평생 감사

1.

2.

3.

4.

5.

Date. . . .

> 감사하는 행위, 그것은 벽에다 던지는 공처럼
> 언제나 자기 자신에게로 돌아온다. – 이어령

1.

2.

3.

4.

5.

Date. . . .

감사라는 보석을 지닌 사람은 누더기를 걸치고 있어도 행복하다.
— 매튜 헨리

1.

2.

3.

4.

5.

Date. . . .

나는 감사할 줄 모르면서 행복한 사람을 한 번도 만나 보지 못했다.
– 지그 지글러

1.

2.

3.

4.

5.

Date. . . .

감사하는 마음으로 받는 사람에게는 풍성한 수확이 뒤따른다.
—W. 블레이크

1.

2.

3.

4.

5.

Date.   .   .   .

촛불을 보고 감사하면 전등불을 주시고, 전등불을 보고 감사하면 달빛을 주시고, 달빛에 감사하면 햇빛을 주시고, 햇빛에 감사하면 천국을 주신다.
—C. H. 스펄전

1.

2.

3.

4.

5.

Date. . . .

감사하는 최선의 방법은 하나님이 주신 것들을 잘 사용하는 것이다.
—A. 트롤로프

1.

2.

3.

4.

5.

Date. . . .

기독교인들이 가질 세 가지 큰 덕목은 믿음, 소망, 사랑이며
여기에 하나를 더 추가한다면 그것은 당연히 감사다. – 라인홀드 니이버

1.

2.

3.

4.

5.

Date. . . .

사람에게 가장 큰 저주는 '목마름'이 아니라
감사하는 마음이 생기지 않는 '메마름'이다. – 평생 감사

1.

2.

3.

4.

5.

Date.　　　．　　．　　．

감사하는 마음은 성숙한 인격의 척도이며 닫힌 마음을 여는 비결이다.
－평생 감사

1.

2.

3.

4.

5.

Date. . . .

하늘을 향한 감사의 생각은 그 자체가 기도이다.
―C. H. 스펄전

1.

2.

3.

4.

5.

Date. . . .

감사하는 마음의 밭에는 실망의 씨가 자랄 수 없다.
– 쉐퍼

1.

2.

3.

4.

5.

Date. . . .

말로만 감사하는 것은 진정한 감사가 아니다. 진정한 감사는
마음으로 감사하고 행동으로 나타내는 것이다. — W. 블레이크

1.

2.

3.

4.

5.

Date. . . .

 감사함을 표하는 것은 또다시 받을 길을 닦아 놓는 것이다.
– 평생 감사

1.

2.

3.

4.

5.

Date. . . .

 감사하는 영을 개발하라. 그러면 그대는 영원한 잔치를 즐길 것이다.
— 맥더프

1.

2.

3.

4.

5.

Date. . . .

긍정적인 생각을 가진 사람은 무슨 일이든지 무조건 감사하게 받아들인다.
– 가나모리 우라코

1.

2.

3.

4.

5.

Date. . . .

하나님께 감사하는 것이 좋은 태도의 기본이다.
– 평생 감사

1.

2.

3.

4.

5.

감사의 마음은 창조적인 반응과 삶의 힘을 증진시켜 준다.
– 스트라잇

1.

2.

3.

4.

5.

Date. . . .

> 우리가 하나님의 자비를 감사드릴 때 하나님의 자비는 더 풍성해진다.
> — C. H. 스펄전

1.

2.

3.

4.

5.

Date. . . .

하나님을 향한 우리의 모든 감사와 사랑은
우리를 향한 하나님의 사랑에 대한 응답이다. ―W. 템플

1.

2.

3.

4.

5.

Date. . . .

행복한 삶을 살기 위해서는 지능지수, 감성지수를 높이기보다
감사지수를 높여야 한다. – 평생 감사

1.

2.

3.

4.

5.

Date.   .   .   .

가장 행복한 사람들은 가장 많이 소유한 사람들이 아니라,
가장 많이 감사하는 사람들이다. – 빌헤름 웰러

1.

2.

3.

4.

5.

Date. . . .

감사하는 사람들은 인생의 힘들고 비통한 기억 속에서도
기뻐하는 법을 배운다. – 헨리 나우웬

1.

2.

3.

4.

5.

사명선언문

너희가 흠이 없고 순전하여……세상에서 그들 가운데 빛들로
나타내며 생명의 말씀을 밝혀 _ 빌 2:15-16

1. 생명을 담겠습니다
만드는 책에 주님 주신 생명을 담겠습니다.
그 책으로 복음을 선포하겠습니다.

2. 말씀을 밝히겠습니다
생명의 근본은 말씀입니다.
말씀을 밝혀 성도와 교회의 성장을 돕겠습니다.

3. 빛이 되겠습니다
시대와 영혼의 어두움을 밝혀 주님 앞으로 이끄는
빛이 되는 책을 만들겠습니다.

4. 순전히 행하겠습니다
책을 만들고 전하는 일과 경영하는 일에 부끄러움이 없는
정직함으로 행하겠습니다.

5. 끝까지 전파하겠습니다
모든 사람에게, 땅 끝까지, 주님 오시는 그날까지
복음을 전하는 사명을 다하겠습니다.

서점 안내

광화문점 서울시 종로구 새문안로 69 구세군회관 1층
02)737-2288 / 02)737-4623(F)

강남점 서울시 서초구 신반포로 177 반포쇼핑타운 3동 2층
02)595-1211 / 02)595-3549(F)

구로점 서울시 동작구 시흥대로 602, 3층 302호
02)858-8744 / 02)838-0653(F)

노원점 서울시 노원구 동일로 1366 삼봉빌딩 지하 1층
02)938-7979 / 02)3391-6169(F)

분당점 경기도 성남시 분당구 황새울로 315 대현빌딩 3층
031)707-5566 / 031)707-4999(F)

일산점 경기도 고양시 일산서구 중앙로 1391 레이크타운 지하 1층
031)916-8787 / 031)916-8788(F)

의정부점 경기도 의정부시 청사로47번길 12 성산타워 3층
031)845-0600 / 031)852-6930(F)

인터넷서점 www.lifebook.co.kr